AF152708

BEI GRIN MACHT SICH IHR
WISSEN BEZAHLT

- Wir veröffentlichen Ihre Hausarbeit,
  Bachelor- und Masterarbeit

- Ihr eigenes eBook und Buch -
  weltweit in allen wichtigen Shops

- Verdienen Sie an jedem Verkauf

Jetzt bei www.GRIN.com hochladen
und kostenlos publizieren

Marktanalyse eines EMS-Studios in Saarbrücken. Lageanalyse, Makroumfeldanalyse, Marktpotenzial und Wettbewerbsanalyse

Joline Tismar

Bibliografische Information der Deutschen Nationalbibliothek:

Die Deutsche Nationalbibliothek verzeichnet diese Publikation in der Deutschen Nationalbibliografie; detaillierte bibliografische Daten sind im Internet über http://dnb.d-nb.de abrufbar.

ISBN: 9783346366023
Dieses Buch ist auch als E-Book erhältlich.

Druck und Bindung: Books on Demand GmbH, Norderstedt Germany
Gedruckt auf säurefreiem Papier aus verantwortungsvollen Quellen

Das Buch bei GRIN: https://www.grin.com/document/994699

Deutsche Hochschule für
Prävention und Gesundheitsmanagement
Hermann Neuberger Sportschule 3
66123 Saarbrücken

Hausarbeit (kollektive Prüfungsleistung)

Name, Vorname   Tismar, Joline

Modul   Marketing 1

Studiengang	Fitnessökonomie
Datum Präsenzphase	15.04.2019 – 17.04.2019
Studienort	Köln
Gruppe bzw. zu bearbeitende Stadt	Saarbrücken
Unternehmenstyp*	EMS - Studio

* abhängig von Aufgabenstellung: jeweils den zu bearbeitenden „Unternehmenstyp" eintragen

Inhaltsverzeichnis

1 Marktbeschreibung / -analyse

1.1 Allgemeine Informationen über den Unternehmenstyp

Die Hauptzielgruppe des EMS-Studios lässt sich anhand verschiedener demografischer, psychografischer und aktiografischer Merkmale beschreiben. Zur Hauptzielgruppe gehören sowohl Männer als auch Frauen über 30, die wenig Zeit haben (meist aus beruflichen Gründen) und trotzdem an ihrer Gesundheit und Erhaltung der allgemeinen Fitness interessiert sind. Sie sind berufstätig (Festanstellung oder Selbstständigkeit), haben ein mittleres bis hohes Einkommen und genießen einen gehobenen Lebensstil. Das EMS-Studio bietet für dieses Segment ein effektives Personaltraining zur Fettreduktion, Figurformung und zum Muskelaufbau um dem Ziel der allgemeinen Fitness und Erhaltung der Gesundheit gerecht zu werden. Dieses Training ist auf eine Zeit von 20 Minuten einmal wöchentlich beschränkt, sodass das Training ideal in den Alltag eingebaut werden kann ohne, dass man sich Sorgen machen muss keine Zeit für Sport zu haben und es zwischen zwei Terminen oder in der Mittagspause wahrgenommen werden kann. Die wesentlichen Punkte, mit denen man sich von der Konkurrenz abhebt sind zum Einen die geschulten Mitarbeiter, die jedes Training individuell für den Kunden gestalten, dadurch optimal auf die Wünsche und Bedürfnisse eingehen und somit auch bei bspw. orthopädischen Einschränkungen ein effektives Training gestalten, auch mit Hilfe von Zusatzmaterialien wie Therabändern, Gymnastikmatten oder Gymnastikbällen. Zum Anderen wird sich durch anbieten eines „Premiumwäscheservice", der das Reinigen der Trainingsbekleidung und Bereitstellen von Handtüchern, Duschgel, Shampoo, Deo, Wasser, etc. von der Konkurrenz abgehoben. Durch Einsatz einer Physiopraxis zur Unterstützung der Regeneration und Muskelentspannung der Mitglieder durch Massagen, entsteht eine „unique-selling-proposition" (USP) des Studios. Die gewählte Positionierung am Markt soll das EMS-Studio sowohl vom klassischen und zeitaufwändigen Krafttraining abgrenzen als auch sich von den EMS-Studios abheben, die sich auf den Lifestyle konzentrieren und somit seinen Kunden ein zeitsparendes, effektives Training bieten, bei dem die Gesundheit immer im Vordergrund steht. In den folgenden Tabellen wird die Produkt-, Preis- und Distributionspolitik meines Studios vorgestellt.

Tabelle 1: Produktpolitik (eigene Darstellung)

Produktpolitik	
	-Experten für Gesundheit
	-individuelles Krafttraining immer mit einem ausgebildeten Personaltrainer unter Einfluss von niederfrequentem Reizstrom
	-Training für bis zu zwei Personen gleichzeitig möglich
	-1 mal pro Woche 20 Minuten Trainingszeit
	-Fettreduktion, Muskelaufbau, Figurforming, Schmerzlinderung
	-gelenkschonendes Training, auch bei orthopädischen Einschränkungen möglich
	-Verwendung von Zusatzmaterialien (Therabänder, Gymnastikmatte & -bälle)
	-Premiumwäscheservise
	-Körpervermessungen in regelmäßigen Abständen
„Unique-selling-proposition" (USP)	-Physiotherapiepraxis im EMS-Studio

Tabelle 2: Preispolitik (eigene Darstellung)

Preispolitik	
Mitgliedschaften	-26 Wochen: 29,95€ / Trainingseinheit & Woche
	-52 Wochen: 24,95€ / Trainingseinheit & Woche
	-78 Wochen: 19,95€ / Trainingseinheit & Woche
Einmalzahlungen	-Trainingsbekleidung + -socken: 39,95€
	-Anmeldegebühr: 39,95€
Zusatzleistungen	-Premiumwäscheservice: 4,95€ / Trainingseineheit & Woche
	-Massage: 17€ / Anwendung
Rabatte:	-20€ Verzehrguthaben geschenkt für Nutrition bei Wahl der Laufzeit über 78 Wochen
	-4 Wochen gratis trainieren für Werben einer Person

Tabelle 3: Distributionspolitik (eigene Darstellung)

Distributionspolitik	
Unternehmensform	Franchise
Studiogröße	150-200 qm
Öffnungszeiten	Mo.-Fr.: 08:00 – 21:00 Uhr, Sa.: 09:00 – 18:00 Uhr, So.: 10:00 – 15:00 Uhr
Vertrieb	-direkter Vertireb: Promostand und Verteilen von Gutscheinen für kostenlose Probetrainings -indirekter Vertrieb: Kooperation mit „Fahrschule Gerd Saar", Podologie Praxis „Dominik Brummer", Friseursalon „Queen of Hair"

1.2 Lage und Standort des Unternehmens

Das Studio befindet sich im Nauwieser Viertel des Saarbrückener Stadtteils St. Johann in der Musterstraße 69, 66111 Saarbrücken. Bei der Immobilie handelt es sich um ein Eckhaus (Dudweilerstraße & Schumannstraße), das direkt an der Bundesstraße 41 liegt. Durch diese Lage wird man von vielen täglich vorbeifahrenden Autos wahrgenommen und profitiert von der guten Verkehrsanbindung. Auch mit öffentlichen Verkehrsmitteln lässt sich das Studio erreichen, der Saarbrücker Busbhanhof befindet sich 6

Gehminuten entfernt, die Saarbahn Haltestelle „Johanneskirche" 4 Gehminuten. In der Umgebung der Immobilie sind zahlreiche Supermärkte, verschiedene Restaurants, Friseure, der Echelmeyer Park, eine Fahrschule und außerdem Grundschulen und Kindergärten zu finden. Diese Umgebung bietet zum einen den Vorteil einer hohen Zahl an Laufkundschaft bzw. Walk-Ins, zum anderen lässt sich das Training für die zukünftigen Mitglieder leicht in den Alltag integrieren (z.B. vor dem Wocheneinkauf oder nachdem das Kind zum Kindergarten gebracht wurde). Außerdem befinden sich viele mögliche Kooperationspartner wie z.B. die „Fahrschule Gerd Saar", der Friseursalon „Queen of Hair" oder die Podologie Praxis „Dominik Brummer" in unmittelbarer Nähe. Im Nauwieser Viertel leben laut der Landeshauptstadt Saarbrücken hauptsächlich Personen zwischen 25 und 44 Jahren, welche gut zur Hauptzielgruppe passen.

1.3 Bestimmung von zwei Marktgebieten

Abbildung 1: Bestimmung zweier Marktgebiete und Darstellung der zwei stärksten Mitbewerber

Die Abbildung 1 zeigt das Hauptmarktgebiet meines Standortes, aus diesem Gebiet (grün) wird der Standort innerhalb von maximal 6 Minuten Fahrtzeit erreicht. Das zweite Marktgebiet ist rot gefärbt, aus diesem Gebiet ist der Standort innerhalb von maximal 12 Minuten Fahrtzeit zu erreichen. Der Standort meines Studios ist mit der Zahl 1 gekennzeichnet, die beiden stärksten Mitbewerber „19Minuten.de" mit der Nummer 2 und „Bodystreet" mit der Nummer 3. Die Stadtteile Camphausen, Neuweiler, Rentrisch, Sengscheid und Fürstenhausen werden bei der Marktanalyse nicht berücksichtig, da diese nicht zu Saarbrücken gehören.

1.4 Makroumfeldanalyse und Abschätzung des Marktpotenzials

Zur Analyse des Makroumfeldes werden die Kaufkraft, die Arbeitslosenquote und die Altersverteilung in Saarbrücken betrachtet. Die zuvor genannten Punkte werden folgend in einer Tabelle übersichtlich dargestellt.

Tabelle 4: Makroumfeldanalyse Teil 1 (eigene Darstellung)

	Saarbrücken		
Kaufkraft (Landeshaupt-stadt Saarbrücken)	6231€ pro Einwohner (Index: 96,1; Bund: 100)		
Arbetislosenquote	8,4% (Arbeitsagentur 04.2019) im Vergleich: Saarland 6,0%, Bundesrepublik Deutsch-land 4,9%		
Altersverteilung (Landes-hauptstadt Saarbrücken - Amt für Entwicklungspla-nung, Statistik und Wah-len)	Alter in Jahren	Einwohner	Anteil in %
	0-2	4883	2,7
	3-5	4358	2,4
	6-9	5800	3,2
	10-14	7070	3,8
	15-17	4623	2,5
	18-24	16525	9,0
	25-44	50247	27,4
	45-59	39918	21,7
	60-64	11980	6,5
	65-74	18138	9,9
	75 und älter	20121	11,0

Tabelle 5: Makroumfeldanalyse Teil 2, Einwohneranzahl in den Marktgebieten (eigene Darstellung)

Marktgebiet 1	Stadtteil	Einwohnerzahl (02.2018)
	Alt-Saarbrücken (ca. 45%)	19831 (8924)
	Sankt Johann (ca. 75%)	31633 (23725)
	Malstatt (ca. 50%)	29349 (14675)
	Sankt Arunal (ca. 15%)	9552 (1433)
	insgesamt	**48757**
Marktgebiet 2	Stadtteil	Einwohnerzahl (02.2018)
	Jägersfreude	1970
	Dudweiler	19606
	Scheidt	4085
	Bischmisheim	3917
	Eschberg	6857
	Güdingen	5104
	Gersweiler (ca. 60%)	6288 (3773)
	Burbach (ca. 80%)	15478 (12382)
	Herrensohr	2151
	Schafbrücke	2935
	Malstatt (ca. 45%)	29349 (13207)
	Alt-Saarbrücken (ca. 55%)	19831 (10907)
	Sankt Johann (ca. 25%)	31633 (7908)
	Sankt Arunal (ca.85 %)	9552 (8119)
	insgesamt	**102921**

Zur Ermittlung des Gesamtmarktpotenzials muss zunächst das Marktgebiet 2 mit einem Faktor von 70% gewichtet werden. Berechnung: 102921*0,7=72044,7

Anschließend wird das Gesamtmarktpotenzial durch Addition des Marktpotenzial des Marktgebiets 1 und 2 und unter Einbezug der Reaktionsquote von 12% berechnet. Berechnung: (48757+72045)*0,12=14496,24

Das Gesamtmarktmotenzial in meinem Marktgebiet beträgt demnach ca. 14496 Einwohner.

1.5 Wettbewerbsanalyse

1.5.1 Vorstellung zweier Mitbewerber im Marktgebiet

Tabelle 6: Vorstellung zweier Mitbewerber im Marktgebiet (eigene Darstellung)

Mitbewerber	19Minuten.de (Vorstadtstraße 23, 66117 Saarbrücken)	Bodystreet (Mainzer Straße 139, 66121 Saarbrücken)
Produktpolitik	• EMS-Training • Kryolipolyse • Ernährungsprogramm	• EMS-Training
Positionierung	-„Rückenspezialist in der Region" -Stärkung des Rückens und der Wirbelsäule mit EMS-Training egal in welchem Alter -Gesunde Ernährung ohne auf Genuss und Spaß zu verzichten -Effektives Training mit Wohlfühlgarantie	-20 Minuten Training pro Woche reichen egal bei welchen Zielen -Training für Jeden -„Ideal zum Abnehmen oder für Po – Bauch – Muskel -Training!"
Stärken	-viele verschiedene und kurze Laufzeiten, Angebot von 10er, 25er und 50er Karten -USP : Kryolipolyse	-bereits viele Standorte (Deutschland, England, Österreich, Italien) -Erreichung von Fitnesszielen in nur 20 Minuten pro Woche
Schwächen	-Trainingsbetreuung (3:1) -Öffnungszeiten	-keine individuelle Trainingsgestaltung -Preis

1.5.2 Auswertung der Wettbewerbsanalyse

Nach zwei ausgiebigen Telefonaten mit den beiden Studios „19Minuten.de" und „Bodystreet" am 10.05.2019 und lesen der Homepages der beides Studios lassen sich die beiden Mitbewerber mit meinem Studiokonzept vergleichen. Das Studio „19Minuten.de" bietet genauso wie mein Studio verschiedene Laufzeiten an. Eine Stärke hierbei ist, dass es kürzere Mitgliedschaften gibt und es die Möglichkeit des Erwerbs von bspw. 10er Karten gibt. Die Laufzeiten meines Studios sind zwar insgesamt länger und könnten potenzielle Kunden auf den ersten Blick abschrecken, in einem Verkaufsgespräch kann dies jedoch durch Aspekte wie bspw. die langfristige Zielerreichung und Notwendigkeit der Kontinuität des Trainings erklärt werden. Die zweite Stärke meines ersten Mitbewerbers ist das Angebot von Kryolipolyse, die allerdings zusätzlich gebucht werden muss. Mein Studio bietet hingegen Massagen in der dazugehörigen Physiotherapiepraxis an. Zu den Schwächen des Studios „19Minuten.de" zähle ich zum einen die Öffnungszeiten (Mo.-Fr.: 08:00-20:00 Uhr), die sich enorm von den Öffnungszeiten meines Studios (Mo-Fr.: 08:00-21:00 Uhr, Sa.: 09:00-18:00 Uhr, So.: 10:00-15:00 Uhr) unterscheiden. Zum anderen zähle ich die Trainingsbetreuung ebenfalls zu den Schwächen des Mitbewerbers, denn bei ihnen können bis zu 3 Personen gleichzeitig mit nur einem Trainer trainieren, in meinem Studio trainieren maximal 2 Personen gleichzeitig an der Seite eines Trainers, sodass die Qualität des Trainings und der Trainingsbetreuung höher ist. Die Trainings allgemein zähle ich auch bei meinem zweiten Mitbewerber „Bodystreet" zu den Schwächen, denn die Trainingsgestaltung erfolgt dort nicht individuell, in diesem Studio gibt es immer die gleichen statischen Übungen, in meinem Studio wird jede Trainingseinheit individuell gestaltet und zusätzlich mit Hilfsmitteln wie bspw. die oben genannten Therabändern abwechslungsreich gestaltet. Eine weitere Schwäche dieses Studios sind die Preise, die im Vergleich zu meinen (19,95€-29,95€ p.Trainingseinheit) mit 24,90€ - 34,90€ p. TE teurer sind. Als Stärke lässt sich klar die Verbeitung des Unternehmens und der Bekanntheitsgrad nennen, was bei meinem Studio noch nicht gegeben ist. Eine zweite Stärke des Studios „Bodystreet" ist die Erreichung ambitionierter Fitnessziele in 20 Minuten pro Woche, dies ist aber auch in meinem Studio gegeben.

2 Marketingplanung

2.1 Budgetplanung

Das Jahresmarketingbudget für das erste Geschäftsjahr wird mit der Methode „Marketingkosten pro Neukunde" berechnet. Hierbei wird mit einem Erfahrungswert von 100€/Neukunde gerechnet und einer geplanten Mitgliederzahl von 90 Mitgliedern nach dem ersten Geschäftsjahr gerechnet. Daraus ergibt sich folgende Rechnung : 100€*90(Mitglieder) = 9000€ → Jahresmarketingbudget = 9000€.

2.2 Kommunikationspolitik

Für die erste Vermarktungskampagne werden neben der Werbung die Öffentlichkeitsarbeit und die Verkaufsförderung als weitere Instrumente der Kommunikationspolitik genutzt. Die Öffentlichkeitsarbeit wird genutzt, da diese nach Becker, 2009, S.600 die

Öffentlichkeit über das Unternehmen, in diesem Fall das oben beschriebene Studio, informiert. Zudem ist es eine charakteristische Eigenschaft der Öffentlichkeitsarbeit PR-spezifische Ziele wie bspw. das Aufbauen von Vertrauen und Glaubwürdigkeit und Erzeugen eines positiven Images zu verfolgen (Bruhn, 2005, S.725 f.). Die zuvor genannten Punkte sind bei einer Neueröffnung besonders wichtig um die gesetzten unternehmerischen Ziele zu erreichen. Um diese schneller zu erreichen wurde als zusätzliches Instrument die Verkaufsförderung gewählt, da sie nach Weis, 2009, S. 514 den Absatz fördert und dieser kurzfristig und unmittelbar stimuliert wird (Nieschlag et al., 2002, S.992). In meinem Fall handeln es sich insbesondere um die sogenannte „verbrauchergerichtete Verkaufsförderung" (Kotler et al., 2006, S.985). Ziel der Kampagne ist die Neukundengewinnung, bei der mindestens 25% des Jahresziels innerhalb der ersten zwei Wochen nach Eröffnung erreicht werden soll, und die Steigerung des Bekanntheitsgrads. Die Kampagne beinhaltet einen großen Zeitungsartikel, der die Leser über das Studio informiert, den USP darstellt und auf die Neueröffnungsfeier aufmerksam macht. Der Zeitungsartikel dient der Steigerung des Bekanntheitsgrads und Schaffung von Glaubwürdigkeit, dieser erscheint 6 Wochen vor der Eröfnnung. Bei der zuvor genannten Neueröffnungsfeier hat die Öffentlichkeit die Möglichkeit sich einen persönlichen Eindruck vom Studio zu verschaffen, kostenlos Eiweißshakes zu probieren und an einem Gewinnspiel teilzunehmen. Alle Besucher bekommen einen Einkaufschip mit Aufdruck des Studionamens geschenkt, damit wir im Gedächtnis bleiben und wir so in Alltagssituationen zum Gesprächsthema werden. Die Feier dient insgesamt dazu, dass das Team kennengelernt wird, ein erstes Vertrauen geschaffen wird und für positive Mundpropaganda gesorgt wird, die uns zusätzlich Interessenten ins Studio schickt. Bei dem Gewinnspiel wird zusätzlich zur Eröffnungsfeier durch Ausfüllen von Kontaktkarten, die in aufgestellte Losboxen geworfen oder online ausgefüllt werden, teilgenommen, zu gewinnen gibt es ein halbes Jahr kostenloses Training. Das Gewinnspiel beginnt bereits 8 Wochen vor der Eröffnung und zielt auf Verbreitung eines positiven Images ab. Außerdem gibt es zeitlich begrenzte Rabatte: alle, die innerhalb der ersten zwei Wochen nach Eröffnung eine 12 monatige Laufzeit abschließen bekommen die Anmeldegebühr geschenkt, bei einer 18 monatigen Laufzeit die Anmeldegebühr und 50% der Kosten für die Trainingsbekleidung. Diese Rabatte werden 5 Wochen vor Eröffnung in der Zeitung beworben, 4 Wochen vorher werden Gutscheine für diese Rabatte gemeinsam mit informierenden Flyern persönlich in der Innenstadt Saarbrückens verteilt, 2 Wochen vor der Feier erscheinen solche Gutscheine in der Zeitung und werden postalisch zugestellt und eine Wocher vorher werden nochmals persönlich welche verteilt. Um abschließend den Erfolg dieser Kampagne zu messen wird bei jedem Probetraining bzw. bei Vertragsabschluss festgehalten, wie die Person auf uns aufmerksam geworden ist.

2.3 Werbeplanung

Zur Werbeplanung wurden die drei Werbemittel Anzeige, Flyer und Prospekte gewählt. Als Werbeträger für die Anzeige wird die Saarbrücker Zeitung gewählt, da diese durch ihre Reichweite und Überschneidung mit dem Marktgebiet überzeugen kann. Laut Saarbrücker Zeitung ,2017, S.13 werden im Regionalverband Saarbrücken Mo.-Fr. 35467 Auflagen, Samstags 37839 Auflagen verkauft. Außerdem passt der Werbeträger zu meiner Zielgruppe, denn laut Saarbrücker Zeitung, 2017, S.4 sind 34,9% der Leser 30-49 Jahre alt und 67,9% 50 Jahre und älter.. Als Werbeträger für die Flyer, die auf die Neueröffnungsfeier und das Gewinnspiel aufmerksam machen sollen, werden die zum Studio gehörenden Trainer genutzt, diese haben so die Möglichkeit die Flyer nur an Personen zu verteilen, die zur Zielgruppe passen. Außerdem können die Personen so direkt Vertrauen zu den Trainern aufbauen und mit ihnen ins Gespräch kommen, sodass nicht nur die auf dem Flyer stehenden Inhalte an den Interessenten herangetragen werden. Dieses Werbemittel wird gezielt in einem Umkreis von 10km um das Studio eingesetzt und kann ohne externe Vorgaben an Faktoren wie bspw. das Wetter angepasst werden. Für die Prospekte wurde der Postversand und das Auslegen in ausgewählten Geschäften gewählt. Dieser lässt sich ideal auf die Zielgruppe und das Marktgebiet anpassen, für die Reichweite wurde der Radius der in Aufgabe 1.3 dargestellten Marktgebiete genutzt. Die Prospekte enthalten grundlegende Informationen über das Ems-Training, die Vorteile, die es mit sich bringt und Kontaktdaten des Studios.

2.4 Kostenkalkulation / Budgetvergleich bei der Werbeplanung

Tabelle 7: Kostenkalkulation bei der Werbeplanung (eigene Darstellung)

Geplante Werbemaßnahme	Realisationsschritte	Kosten
Anzeige in der Saarbrücker Zeitung	-Verfassen des Artikels -Veröffentlichung des Artikels (Saarbrücker Zeitung, Regionalverband Saarbrücken, Titelkopfanzeige 40*30mm, Mo-Sa.)	-449,82€ brutto
Flyer mit Informationen über Neueröffnung und Gewinnspiel	-Gestaltung und Bestellung der Flyer (5.000 Stk., DIN A5, 4/4 farbig,beidseitig bedruckt, 250g Bilder-	-125,13€ brutto

	druck glänzend) bei FLYERALARM GmbH -Verteilen der Flyer in der Innenstadt durch Trainer -Auslegen der Flyer in ausgewählten Geschäften	
Prospekte	-Gestaltung und Bestellung der Prospekte (5000 Stk., Wickelfalz, DIN A5, 6Seiten, 170g Bilderdruck glänzend) bei FLYERALARM GmbH	-255,96€ brutto
	-Adresskauf (425 einmalige Nutzung, 30-45 Jahre, Region 66111 mit 12 km Umkreis, Mehrfamilienhäuser und 1-2 Familienhäuser)	-493,78€ brutto
	-Auslegen in ausgewählten Geschäften	

Für die von mir in Aufgabe 2.3 ausgewählten Werbemaßnahmen standen 20% des Jahresmarketingbudgets zur Verfügung, also 1800€. Davon genutzt wurden, wie in Tabelle 7 dargestellt 1324,69€, das Budget wurde also eingehalten. Nach der Planung bleiben 475,31€ übrig, die durch Optimierungsschritte noch ausgeschöpft werden können. Man könnte zum Beispiel den Zeitungsartikel größer gestalten oder nicht nur einmal, sondern zu zwei unterschiedlichen Zeitpunkten veröffentlichen lassen. Durchs mehrmalige Veröffentlichen besteht die Chance mehr Leute zu erreichen und langfristig im Gedächtnis der Leser zu bleiben. Als zweite Optimierungsmöglichkeit könnte man sich für ein viertes Werbemittel entscheiden, das zur Zielgruppe passt und im Budget liegt wie bspw. ein Radiospot beim Radiosender „Radio Salü".

2.5 Synergieeffekte im Rahmen der Kommunikationspolitik

Zu unternehmstypübergreifenden Synergieeffekte im Rahmen der Kommunikationspolitik kann es bei der Unternehmsgruppe durch gemeinschaftliche Zusammenarbeit kommen. Durch standortübergreifende Aktionen wie das Werben von Freunden oder Gesundheitstagen kann sich das Image positiv verändern und die jeweiligen Marktgebiete vergrößern. Außerdem lassen sich durch das Anbieten von Rabatten bei Kombination mehrerer Studios andere Mitgliedschaften anbieten und mehr Geld erwirtschaften. Die Attraktivität der einzelnen Studios wächst dadurch, dass die Mitglieder in allen Studios die USPs wie bspw. die Physiotherapiepraxis im EMS Studio vergünstigt nutzen können. Zusätzlich lassen sich durch gemeinsame Werbemaßnahmen sowohl die Werbekosten gesenkt bzw. besser ausgeschöpft werden als auch das Image und der Bekanntheitsgrad durch bspw. gemeinsame Zeitungsartikel verbessert werden.

3 Abschlussstatement

Für die abschließende Analyse und Bewertung lagen die Unterlagen des Studios im Premium Segment und die des Frauenstudios nicht vor, bei den beiden Studios werden mit fiktiven Informationen gearbeitet. Die Stadt Saarbrücken ist für die Unternehmensgruppe durchaus attraktiv, trotz der im Vergleich zu Deutschland insgesamt hohen Arbeitlosenquote (siehe Tabelle 4) liegt der Kaufkraftindex nur knapp unter dem Index von ganz Deutschland (Tabelle 4). Außerdem passt die Altersverteilung der Stadt zu den jeweiligen Zielgruppen der Unternehmen. Ein allgmeines Risiko, das die Stadt Saarbrücken mitsichbringt ist die bereits bestehende Konkurrenz in der Fitnessbranche. Besonders auf dem Markt der Discountstudios besteht viel Konkurrenz in der Stadt. Gleichzeitig bietet sie aber auch eine Chance für die Unternehmensgruppe, da die bestehenden Studios alle sehr nah beieinander im Zentrum Saarbrückens liegen. Zusätzlich bietet Saarbrücken durch seine Infrastruktur viele Unternehmen, die bspw. für Kooperationen genutzt werden können. Nach den einzelnen Analysen sehe ich die größten Erfolgswahrscheinlichkeiten bei dem Gesundheits-, Frauen- und EMS-Studio, da diese Art von Studio in Saarbrücken noch nicht oft existiert. Sowohl das Discount- als auch das Premiumstudio hat deutlich mehr Konkurrenz, allerdings überzeugt das Discountstudio durch seinen Standort, denn in der Nähe der Hauptstraße 12 in Saarbrücken gibt es nicht viele dieser Studios. Außerdem hat der Standort mit 12171 ein gutes Marktpotenzial und passt insgesamt zur Altersstruktur, Arbeitslosenquote und Kaufkraft Saarbrückens. Für das Frauenfitnessstudio und das Gesundheitsstudio sehe ich sehr viele Chancen sich am Markt zu etablieren, da in ihrem Segment maximal 2 Mitbewerber existieren. Für das Gesundheitsstudio würde ich allerdings einen anderen Standort wählen um das aktuelle Marktpotenzial von 7899 zu erhöhen. Auch das EMS Studio hat trotz einiger Mitbewerber im Marktgebiet hohe Chancen sich zu etablieren, einerseits durch die USP, andererseits durch die Qualität, die sich mit der Zeit durch positive Mundpropaganda herumspricht. Das Marktpotential des EMS Studios überzeugt ebenfalls mit 14496 Einwohnern. Insgesamt würde ich das Premiumstudio nicht eröffnen, für das Gesundheitsstudio einen günstigeren Standort wählen und sowohl Frauenfitness-, Ems- und Discountstudio eröfnnen.

4 Literaturverzeichnis

Bodystreet Gmbh Website. Zugriff am 10.05.2019. Verfügbar unter https://www.bodystreet.com/de/standorte/deutschland/bodystreet-saarbruecken-mainzer-strasse/

Bruhn, M (2005). *Unternehmens- und Marketinkommunikation. Handbuch für ein integriertes Kommunikationsmanagement.* München: Vahlen.

Bundesagentur für Arbeit (2019). *Arbeitsmarkt im Überblick-Berichtsmonat April 2019-Regionalverband Saarbrücken.* Zugriff am 04.05.2019. Verfügbar unter https://statistik.arbeitsagentur.de/Navigation/Statistik/Statistik-nach-Regionen/Politische-Gebietsstruktur/Saarland/Regionalverband-Saarbruecken-Nav.html

FLYERALARM GmbH Website. Zugriff am 17.05.2019. Verfügbar unter https://www.flyeralarm.com/de/content/index/open/id/4462/flyer.html?gclid=EA%09IaIQobChMI-%09Or97_GW4gIVq7vtCh1YcwjoEAAYAyAAEgJc7_D_BwE&gclsrc=aw.ds

Kotler, P., Bliemel, F., Keller, K.L. (2006). *Marketing-Management. Strategien für wertschaffendes Handeln.*11., aktualisierte Auflage München: Pearson Studium (Wi).

Landeshauptstadt Saarbrücken (2018). *Statistische Kurinformationen.* Zugriff am 04.05.2019. Verfügbar unter http://www.saarbruecken.de/wirtschaft/wirtschaftsstandort/statistik_zahlen_und_fakten/statistische_kurzinformationen

Landeshauptstadt Saarbrücken – Amt für Entwicklungsplanung, Statistik und Wahlen (2018). *StatInfo 1/18.* Zugriff am 04.05.2019. Verfügbar unter http://www.saarbruecken.de/media/download-5ac5fa8ea1487

Nieschlag, R., Dichtl, E., Hörschgen, H. (2002). *Marketing.* 19. überarbeitete und ergänzte Aufl. Berlin: Duncker & Humblot

Openrouteservice. Zugriff am 28.04.2019. Verfügbar unter https://maps.openrouteservice.org/directions?n1=49.409445&n2=8.692953&n3=13&b=0&k1=en-US&k2=km

Saarbrücker Zeitung Verlag und Druckerei GmbH (2017). *Preisliste Nr.66.* Zugriff am 17.05.2019. Verfügbar unter https://anzeigen.saarbruecker-zeitung.de/wp-content/uploads/2017/01/SZ-Preisliste-Nr.-66-ab-01.10.2017_neu2.pdf

Sports Max GmbH. Website 19Minuten.de. Zugriff am 10.05.2019. Verfügbar unter http://www.19minuten.de/

Weis, H.C. (2009). *Marketing*.15., verbesserte und aktualisierte Aufl. Ludwigshafen (Rhein): Kiehl.

5 Abbildungs- und Tabellenverzeichnis

5.1 Abbildungsverzeichnis

5.2 Tabellenverzeichnis